COLLECTION

DE

M. LE BARON DE LA VILLESTREUX

OBJETS D'ART

ET DE CURIOSITÉ

Mᵉ ESCRIBE
COMMISSAIRE-PRISEUR

MM. MANNHEIM
EXPERTS

RENOU ET MAULDE

IMPRIMEURS DE LA COMPAGNIE DES COMMISSAIRES-PRISEURS

Rue de Rivoli, 144

CATALOGUE

D'OBJETS D'ART

ET DE CURIOSITÉ

Belle réunion de Verres de Venise, Verres Allemands émaillés;
Tabatières et Bonbonnières en or émaillé et en Porcelaine de
Saxe; Montres en or émaillé du Temps de Louis XIV; très-beaux
Éventails du temps de Louis XV et de Louis XVI; Laques du Japon,
de très belle qualité; Miniatures; beaux Services de table en
anciennes Porcelaines de Chine et du Japon; Porcelaines de
Saxe et de La Haye; Grès de Flandres; belle et nombreuse
réunion de Faïences de Delft; Faïences Italiennes et de Bernard
Palissy; Objets variés des XVI et XVII siècles; Tapisseries
et Étoffes;

COMPOSANT LA COLLECTION

M. LE BARON DE LA VILLESTREUX

et dont la vente aura lieu

HOTEL DES COMMISSAIRES-PRISEURS

Rue Drouot, n° 5

SALLE N° 1

Les Mardi 16, Mercredi 17, Jeudi 18 et Vendredi 19 Mai 1865

À DEUX HEURES PRÉCISES.

Par le ministère de Me **ESCRIBE**, Commissaire-Priseur,
rue Saint-Honoré, 217,

Assisté de **MM. MANNHEIM,** Experts, rue de la Paix, 10,

CHEZ LESQUELS SE DISTRIBUE CE CATALOGUE.

EXPOSITIONS

PARTICULIÈRE : le Dimanche 14 Mai 1865, de 1 heure à 5 heures.
PUBLIQUE : le Lundi 15 Mai 1865, de 1 heure à 5 heures.

PARIS — 1865

ORDRE DES VACATIONS

Le Mardi 16 mai 1865.

Tabatières et Bonbonnières.........	271 à 296
Bijoux et Orfèvrerie...............	297 à 321
Miniatures........................	322 à 338
Éventails.........................	339 à 355
Laques.......	356 à 367

Le Mercredi 17 mai 1865.

Faïences italiennes.................	1 à 7 *bis.*
Faïences de Bernard Palissy........	8 à 15
Grès de Flandres..................	150 à 155
Verres de Venise..................	156 à 233

Le Jeudi 18 mai 1865.

Faïences de Delft.................	16 à 125

Le Vendredi 19 mai 1865.

Faïences diverses..................	126 à 149
Verrerie allemande................	234 à 248
Porcelaines de Chine et du Japon....	249 à 259
Porcelaines de Saxe et autres.......	260 à 270
Objets divers.....................	368 à 393
Tapis et étoffes	394 à 401

CONDITIONS DE LA VENTE

Elle sera faite au comptant.

Les Acquéreurs paieront, en sus des adjudications, CINQ CENTIMES PAR FRANC, applicables aux frais.

Il y a une quinzaine d'années que **M.** le baron de
La Villestreux, secrétaire d'ambassade, a commencé
à former, hors de France, et a complété successive-
ment la Collection d'Objets d'Art et de Curiosité, dont
nous présentons aujourd'hui le Catalogue.

Presque tous les Objets de cette Collection proviennent d'achats faits à l'étranger, ce qui leur
donne l'attrait de la nouveauté pour les enchères
publiques s'ouvrant à Paris. Beaucoup d'entre eux
ont été directement cédés par les familles où ils
étaient conservés depuis de longues années.

La réunion, ou plutôt l'écrin d'éventails qui datent
des règnes de Louis XV et de Louis XVI, forme
une des plus brillantes et des plus gracieuses parties
de cette Collection. L'un de ces éventails, peint par
Boucher, est garni d'une riche monture pleine en
nacre de perles avec médaillons et montants cou-
verts de dorure.

Un autre représentant l'*Hyménée*, peint et signé

Xavery, 1762, offre, avec la finesse de la peinture, une monture travaillée à jour de la plus grande légèreté et d'un goût exquis.

Un troisième est un admirable *Vernis Martin* sur fond or. La richesse des médaillons, la délicatesse des petits personnages et la variété des dessins semés à profusion sur ce bijou hors ligne, en font une des plus remarquables pièces de la Collection.

Puis, vient un éventail Louis XVI, merveilleux comme peinture et d'un luxe inouï comme monture.

Un magnifique éventail Louis XV a ses montants recouverts d'ornements rapportés en or repoussé.

Enfin, un éventail Louis XVI, outre une peinture d'un délicieux effet, porte sur chacune de ses branches une grande figure or sur nacre fin, qui, réunie aux voisines, présente un sujet complet dans la monture.

La Collection de *Verres de Venise* présente une suite d'un choix supérieur, exceptionnel et presque impossible à réunir aujourd'hui.

Viennent ensuite des tabatières et des miniatures, des émaux, des montres émaillées par les frères Huault ; de fines sculptures en bois du xvi° siècle ; des tapisseries au petit point, des tapis brodés, etc.

Parmi les laques du Japon d'une richesse et d'une

légèreté égales à la richesse et à la légèreté des boîtes qui décoraient les vitrines de Mme la duchesse de Montebello, nous citerons deux pièces hors ligne : un coffre monté en argent, dont le couvercle est décoré de grandes figures en laque d'or en relief avec ornements de nacre de perles ; et une délicieuse boîte en laque aventuriné de la plus belle qualité, entièrement couverte de dessins représentant des paysages, des animaux, etc.

Enfin, nous devons appeler l'attention sur la nombreuse et belle Collection de *Faïences de Delft.* Parmi les belles pièces, on remarque :

1° Une énorme vasque de 95 cent. sur 42 cent., à têtes de lions, et décors à feuillages et à ornements rocaille modelés en ronde-bosse avec une vigueur extraordinaire. (V. description du *Guide de Faïences*, par **M.** Demmin, page 299.)

2° Un très-beau vase à anses en camaïeu bleu, décoré de grands médaillons avec sujets sur la panse et avec bordure dentelée d'une grande délicatesse.

3° Plusieurs beaux beurriers, et quantité de pièces du temps de Louis XV, à décors polychromes rehaussés d'or.

DÉSIGNATION

DES OBJETS

Faïences Italiennes.

1 — Fabrique hispano-arabe. Grand plat rond décoré intérieurement et extérieurement de fleurs, d'oiseaux et d'ornements à reflets mordorés.

2 — Fabrique italienne. Plat rond portant au centre l'écusson de Berne entouré de canaux rayonnants jaunes et rouge orangé; le bord est décoré de rinceaux en camaïeu bleu sur fond jaunâtre. Au revers se trouve l'inscription suivante : PRETE. ALEX⁰. D¹. L⁰. GUELFI.

3 — Fabrique de Savone. Grand plat rond, à cariatides, mascarons et coquilles en relief, et décoré en camaïeu bleu à sujet champêtre et figures d'Amours.

4 — Fabrique italienne. Deux grands plats sur piédouches bas, à coquilles et mascarons en relief à l'extérieur, et décorés à l'intérieur de figures, de coquilles et d'ornements en couleur.

5 — Fabrique d'Urbino. Plat rond décoré de figures et d'animaux dans un paysage. Bordure en bois noir.

6 — Même fabrique. Petit plateau à bords festonnés, décoré de grotesques sur fond blanc et portant au centre une figure d'Amour.

7 — Même fabrique. Deux cornets décorés de figures dans des paysages et portant des écussons armoriés soutenus par des figurines de Génies ailés.

7 bis. — Fabrique italienne. Grand plat rond à ombilic saillant, décoré de figures et d'ornements en couleurs.

Faïences de Bernard Palissy.

8 — Petit plat rond sur piédouche bas, à mascarons et entrelacs en relief, découpés à jour, et émaillés en couleurs.

9 — Petit plat ovale présentant au centre une figure de femme assise dans un paysage et portant le nom gravé : TERRA. Le bord plat est orné de fleurons en relief, et le tout est émaillé en couleurs.

9 bis. — Très-jolie saucière présentant à l'intérieur une figure de femme couchée tenant une corne d'abondance et une urne, et émaillée en couleurs.

10 — Petit plat rond et creux à bords festonnés. Son décor consiste en quatre rosaces superposées et émaillées en couleurs variées.

11 — Petit plat rond présentant à son centre un bas-relief à figures en relief émaillées en brun ; le bord est décoré de marguerites et d'ornements en couleurs sur fond brun.

12 — Petit plat ovale en hauteur. Il présente à son centre l'exécution d'un saint martyre et son bord est orné de feuilles et de gaudrons en relief.

13 — Plat rond à cinq cavités et à entre-deux à rinceaux repercés à jour.

14 — Jolie salière de forme triangulaire présentant sur chacune de ses faces des rinceaux, des mascarons et des dauphins en relief émaillés en couleurs.

15 — Plat de forme ovale : la belle Jardinière.

Faïences de Delft et autres.

16 — Grande et très-belle vasque de forme ovale à quatre lobes, à anses, têtes de lion et à larges rinceaux en haut-relief décorés en camaïeu bleu. Largeur, 95 centimètres.

17 — Fontaine à couvercle et sa cuvette en faïence de Delft, décorée de figures dans le style de Watteau, de fleurs en couleurs et d'ornements rocaille en camaïeu brun.

18 — Deux compotiers à côtes, en faïence de Delft, à décor de style japonais, en couleurs et rehauts d'or.

19 — Deux jolies assiettes en faïence de Delft, décorées de grands écussons armoriés au centre et d'ornements et coquilles au bord ; le tout décoré en couleurs avec rehauts d'or.

20 — Deux saladiers de forme carrée à angles rentrants, en faïence de Delft. Ils sont décorés intérieurement et extérieurement de figures et de vases dans le style chinois, émaillés en couleurs et rehaussés d'or.

21 — Tire-lire en ancienne faïence de Delft, en forme de vase décoré dans le style chinois, et rehaussé d'or.

22 — Sucrier en ancienne faïence de Delft, décorée à l'imitation des porcelaines du Japon, à paysage et fleurs en bleu, rouge et or.

23 — Garniture de cinq pièces, potiches et cornets à côtes;
à décor de fleurs et paysages en camaïeu bleu.

24 — Deux potiches en ancienne faïence de Delft, à décor
de fleurs et ornements en couleurs et de style chinois,
avec rehauts d'or.

25 — Deux cornets, même faïence et décor analogue.

26 — Grande jardinière à deux anses, en faïence de Delft,
décorée de figures dans le style de Watteau, en camaïeu
bleu.

27 — Jardinière de forme octogone, à décor d'animaux et
paysages en couleurs, et à anses formées par de grands
mascarons.

28 — Deux plats ronds en ancienne faïence de Delft, à
sujets champêtres, décorés en camaïeu bleu, et à bordures de fleurs émaillées en couleurs.

29 — Quatre grands plats décorés de fleurs en couleurs dans
le style chinois.

30 — Deux plats à sujets champêtres, en camaïeu bleu, et
bordures composées d'ornements, de coquilles et de
fleurs émaillées en couleurs.

31 — Deux plats décorés de vases de fleurs au centre et
d'une bordure à ornements, le tout émaillé en couleurs.

32 — Plat de même décor, mais plus grand.

33 — Plat trompe-l'œil, décoré de fleurs sur fond bleu et
présentant au centre des paysages en camaïeu bleu sur
fond blanc et paraissant superposés.

34 — Plat rond à décor polychrome, fleurs et oiseaux dans
le style chinois.

35 — Plat à décor de figures en camaïeu bleu et bordure
de fleurs à compartiments en jaune sur fond orangé.

36 — Plat à médaillon de paysage en camaïeu bleu et
bordure de fleurs, ornements en couleur.

37 — Plat à sujet champêtre et bordure de fleurs en
camaïeu bleu.

38 — Autre plat à décor en camaïeu bleu; il présente à son
centre le sujet du Sacrifice d'Abraham et porte l'inscription suivante : Lysie. Hymens. Van. Broeck. anno 1650.

39 — Deux tableaux à bords contournés et en saillie,
à décor polychrome représentant des sujets champêtres
rehaussés d'or.

40 — Deux autres tableaux de forme carrée à angles rentrants, à décor polychrome, vases de fleurs et ornements.

41 — Deux tableaux de forme ovale contournée à décor
polychrome, fleurs et oiseaux, dans le style chinois.

42 — Tableau analogue à ceux qui précèdent, mais plus
grand.

43 — Deux grands tableaux à décor de fleurs et oiseaux,
de style chinois, et doubles bordures à ornements en
camaïeu.

44 — Deux tableaux de forme contournée, à décor de
fleurs en couleur et à bordure composée d'ornements en
relief.

45 — Deux tableaux à bordures analogues à ceux qui précèdent; ils portent à leur centre une figure d'enfant
dans un paysage, sur fond décoré de fleurs en couleurs.

46 — Deux tableaux de forme contournée en largeur; ils
sont décorés de traîneaux et de figures de patineurs en
couleurs et en camaïeu bleu.

47 — Grand tableau en faïence de Delft représentant divers personnages en costume Louis **XV**, avec bordure de fleurs en camaïeu bleu et rehauts de vert.

48 — Plateau de forme contournée en largeur, à décors polychromes; sujet biblique.

49 — Deux plaques forme carré long, en faïence de Delft, à décors de paysages en camaïeu bleu; bordure en bois noir et filets dorés.

50 — Tableau de forme carré long à angles rentrants, décoré d'un sujet champêtre en camaïeu bleu; il porte au revers les initiales G. **M.** et la date de 1774.

51 — Deux tableaux à sujets champêtres, en camaïeu bleu et à bordures composées d'ornements rocaille en relief, à décor polychrome.

52 — Deux autres tableaux à sujets champêtres, dans le style de Watteau, en camaïeu bleu et à bordures, à ornements en relief décorés en couleur.

53 — Un tableau représentant une cage avec draperies et médaillons en camaïeu bleu et oiseaux en ronde-bosse.

54 — Grand tableau de forme contournée, représentant la Descente de croix, peinte en camaïeu bleu avec bordure de fleurs en couleur.

55 — Autre grand tableau de forme contournée, à sujet champêtre, en camaïeu bleu et bordure polychrome, à fleurs et ornements.

56 — Deux tableaux carrés, à figures en costumes de style oriental, décorés en couleurs, avec encadrement à moulures et ornements en relief.

57 — Deux autres tableaux analogues à ceux qui précèdent, décorés de sujets militaires.

58 — Miroir de forme carrée, à bordure en faïence de Delft, à décor polychrome, à figures d'amours et fleurs.

59 — Plateau de forme octogone en hauteur, décoré de sujets d'intérieur en camaïeu bleu.

60 — Deux petits tableaux de forme contournée, décorés de vases en camaïeu bleu sur fond jaune.

61 — Tableau porte-lumière à décor polychrome, à figures et ornements et rehauts d'or.

62 à 65 — Quatre plats à barbe en faïence de Delft, à décors variés et ornements en relief. Ils seront vendus séparément.

66 — Grand bol de forme ronde à côtes, à décor polychrome, fleurs et animaux.

67 — Grande soupière en forme de mitre d'évêque, décor polychrome.

68 — Deux vaches en faïence de Delft, à décors polychromes.

69 — Deux autres vaches, avec figures de personnages assis.

70 — Autre vache en faïence de Delft, à décors de fleurs en couleurs et rehauts d'or. Pièce rare.

71 — Deux chevaux sur socles carrés, à décors polychromes.

72 — Boîte à thé de forme carrée, à grilles découpées à jour, décors en camaïeu bleu.

73 — Deux flambeaux composés de groupes de deux figures formant vide-poche, décorés en couleur.

74 — Deux petits vide-poches formés de figurines assises, décorés en couleur.

75 — Deux figures très-curieuses en faïence de Delft, décorées en couleurs. L'une d'elle représente un personnage assis jouant du violon, et l'autre une figure de femme pinçant de la guitare.

76 — Deux figurines debout : homme jouant de la flûte et femme tenant un morceau de musique.

77 — Coupe de forme contournée, à décor polychrome, enrichie d'ornements découpés à jours.

78 — Cuvette de forme contournée, décorée de fleurs en couleur.

79 — Deux groupes en faïence de Delft, personnages montés sur des tonneaux.

80 à 83 — Quatre brosses à dessus en faïence de Delft, à décors polychromes. L'une d'elles est rehaussée d'or.

84 — Six assiettes, décor polychrome, bouquets de fleurs et ornements.

85 à 91 — Quatorze assiettes en faïence de Delft, à décors polychromes variés ; quelques-unes sont rehaussées d'or. Elles seront vendues par lots.

92 — Douze assiettes représentant des sujets ayant trait aux douze mois de l'année, décorées en camaïeu bleu.

93 — Quatre assiettes à sujets de personnages en camaïeu bleu.

94 — Trois assiettes à décors en camaïeu bleu, dont deux à sujets champêtres et une ornée du buste de Guillaume V.

95 — Trois plateaux décorés de vases de fleurs et d'oiseau, en couleur, avec bordures en bois noir.

96 — Pot à eau à décors en camaïeu bleu, paysage et personnages ; couvercle en argent repoussé, à sujets d'après Téniers.

97 — Vase-attrape à sujets de marine, décoré en couleurs.

98 — Pot à eau à décor polychrome, fleurs et ornements.

99 — Pot à eau analogue à celui qui précède; il est garni en argent.

100 — Broc en faïence de Delft, portant une armoirie et des ornements en camaïeu bleu; monture en étain. Le couvercle est orné d'une médaille.

101 — Broc à panse de forme sphérique à côtes torses, décor polychrome à fleurs

102 — Broc en forme de perroquet à tête mobile, décoré en couleurs.

103 — Pot à eau, décor polychrome dans le style chinois, à fleurs et figures.

104 — Pot à eau, décor polychrome à fleurs, dans le style chinois.

105 — Petit vase-attrape, à décor dans le style chinois, à fleurs et figures en couleur et rosaces découpées à jour.

106 — Broc formé par un personnage assis sur un tonneau.

107 — Théière de forme surbaissée, à anse surélevée, à décor de fleurs et ornements en camaïeu bleu.

108 — Deux petits vases à médaillons de paysages, peints en camaïeu bleu sur fond semé de fleurs en couleurs

109 — Garniture de trois vases, potiches et cornet, décorés de sujets marines, bustes et ornements en couleurs et rehaussés d'or. Belle qualité.

110 — Garniture de cinq pièces, potiches et cornets à ornements en relief et décorés de paysages à figures et de fleurs en camaïeu bleu.

111 — Deux potiches et deux cornets à médaillons de paysages, avec figures et fleurs en camaïeu bleu.

112 — Garniture de trois jardinières, dont une à deux anses, en faïence de Delft, à décor de paysages en camaïeu bleu.

113 — Pot à eau de forme contournée, à paysages et fleurs en camaïeu bleu.

114 — Deux petits brocs à médaillons de personnages en couleurs sur fond gros bleu.

115 — Deux tirelires en forme de vases, à décor en camaïeu bleu.

116 — Soupière et son plateau, de forme contournée, à guirlandes de fleurs et ornements en camaïeu bleu.

117 — Garniture de trois jardinières, à anses et ornements en relief, et décorées de fleurs en couleurs.

118 — Cartel porte-montre, orné de trois figurines d'enfants en ronde-bosse.

119 — Jardinière de forme contournée, décor polychrome à fleurs et ornements.

120 — Deux petites jardinières et leurs plateaux, décor polychrome à fleurs sur fond jaune.

121 — Vidrecome formé par un animal debout soutenant un écusson armorié.

122 — Flambeau formé par une figurine de femme, placée près d'un palmier.

123 — Théière en faïence de Delft, décorée dans le style des porcelaines du Japon, en bleu, rouge et or.

124 et 125 — Onze pantoufles en faïence de Delft de diverses formes et de décors variés. Elles seront vendues par lots.

126 — Deux petits compotiers en faïence de Rouen, à décor polychrome, à guirlandes de fleurs et ornements.

127 — Deux plateaux à ornements découpés à jour, et décor de fleurs et figures en camaïeu bleu.

128 — Deux canettes à décor de fleurs et figures en camaïeu bleu; l'une de forme contournée, et l'autre de forme ovale à côtes.

129 — Tableau de forme contournée, à paysage, décoré en camaïeu bleu et à bordure a ornements en relief.

130 — Tableau analogue à celui qui précède, mais un peu plus grand.

131 — Autre tableau à sujet champêtre, dans le style de Watteau, décoré en camaïeu bleu et à bordure décorée en couleurs.

132 — Deux petits tableaux de forme contournée, à sujets mythologiques, décorés en couleurs et rehaussés d'or.

133 — Plaque provenant d'un poêle allemand, en terre émaillée, à figures en relief et portant la date de 1572.

134 — Petit plat de forme ovale, décor polychrome à fleurs et figures.

135 — Petit plat rond à bordure à jour, et deux petits plats à bordures de fleurs, dans le style chinois.

136 — Deux tableaux carrés, à sujets de paysages en camaïeu bleu; l'un d'eux très-finement peint.

137 — Deux tableaux représentant des buveurs, en camaïeu bleu sur fond jaune et traîneau décoré en camaïeu bleu.

138 — Petit vase et salière à décors polychromes, paysages, fleurs et ornements.

139 — Deux pièces : flambeau et sonnette en faïence de Delft, décors en camaïeu bleu.

140 — Vase et broc à décors polychromes,

141 — Deux plateaux et une cuiller en faïence de Delft ; un
des plateaux est décoré en camaïeu bleu, et les deux
autres pièces en couleur.

142 — Plat rond avec peintures par Lessore : Nymphe, Sa-
tyre et Amour.

143 — Deux appliques porte-lumières en ancienne faïence
de Strasbourg, à fleurs et ornements en relief découpés
à jour et décorés en couleur.

144 — Deux porte-bouquets en faïence de Delft, en forme
de cœur, à anses dragons ; le tout décoré de fleurs et
d'ornements en camaïeu bleu.

145 — Deux beurriers avec plateau de forme octogone en
faïence de Delft ; décors polychromes rehaussés d'or, à
fleurs et figures.

146 — Broc à anse et goulot en faïence blanche avec couvercle en argent repoussé, à fl. urs.

147 — Broc en ancienne faïence de Delft, à décor de fleurs
en camaïeu bleu et garni d'un couvercle en argent.

148 — Plat rond en ancienne faïence de Delft, à décor polychrome rehaussé d'or, à fleurs et oiseaux à l'imitation
des porcelaines du Japon.

149 — Autre plat rond en faïence de Delft, à décor polychrome de style chinois.

Grès de Flandre.

150 — Jolie cruche en grès blanc à goulot relié à la gorge
du vase par un ornement en forme de S. La panse est
enrichie d'une frise d'ornements en relief. Elle porte la
date de 1593.

151 — Petite cruche en grès gris, à panse, à treillis et mascarons en relief; couvercle en argent repoussé.

152 — Grande cruche en grès de Flandres, à ornements et mascarons émaillés bleu et à couvercle en argent repoussé.

153 — Cruche en grès à rosaces et ornements émaillés en couleur et rehaussés d'or; couvercle en étain.

154 — Deux flambeaux en grès de Flandres formés par des lions assis.

155 — Cruche à trois anses en grès émaillé brun, portant des armoiries et indiquant la date de 1589.

Verrerie Vénitienne.

156 — Joli verre de Venise dont la coupe et le pied en verre incolore sont reliés entre eux par une tige élevée en spirale formée de deux serpents enroulés, à torsades émaillées de filets blancs, bleus et rouges. Les têtes et certaines parties du corps en verre bleu sont travaillées à la pince. Haut. 28 cent.

157 — Joli verre de Venise dont la coupe et le pied, en verre incolore, sont reliés entre eux par deux serpents enroulés émaillés de filets blancs, avec parties en verre bleu travaillées à la pince. Haut. 29 cent.

158 — Verre analogue à celui qui précède et pouvant lui faire pendant. Haut. 29 cent.

159 — Verre analogue à ceux qui précèdent. Les serpents sont émaillés de filets blancs, jaunes et rouges. Hauteur 32 cent.

160 — Autre joli verre de Venise à serpents émaillés de
filets blancs et roses et à couvercle surmonté d'un bouton élevé composé d'ornements en verre incolore, avec
partie émaillée bleu. Haut. totale 46 cent.

161 — Joli verre de Venise dont le pied est formé d'un oiseau émaillé de filets blancs, bleus et rouges et dont la
crête, les yeux et les ailes sont en verre bleu travaillé à
la pince. Haut. 265 mill.

162 — Autre verre de Venise dont le pied est formé de torsades émaillées bleu et blanc, avec parties en verre incolore travaillées à la pince. Haut. 27 cent.

163 — Verre analogue à celui qui précède. Haut. 285 mill.

164 — Verre analogue à ceux qui précèdent. Les torsades
sont émaillées de filets blancs, bleus, jaunes et rouges.
Haut. 315 mill.

165 — Autre verre de Venise à torsades émaillées de filets
blancs et rouges. Haut. 26 cent.

166 — Verre de Venise à torsades émaillées de filets blancs
et jaunes. Haut. 26 cent.

167 — Autre joli verre de Venise à pied formé d'une double
torsade émaillée de filets blancs et rouges, et partie en
verre incolore travaillée à la pince. Haut. 27 cent.

168 — Verre de Venise à pied formé d'une double torsade
émaillée de filets blancs, avec têtes d'oiseaux et filets
émaillés bleu. Haut. 22 cent.

169 — Joli verre dont la coupe, ornée de grappes de raisins
et de feuilles de vigne gravées à la pointe, repose sur
un pied formé d'enroulements en verre incolore rehaussé d'émail bleu. Haut. 14 cent.

170 — Grand verre, modèle dit à champagne, sur pied
composé d'enroulements émaillés de filets blancs, bleus,
jaunes et rouges, avec parties en émail bleu travaillées
à la pince. Haut. 34 cent.

171 — Petit verre de Venise sur pied à torsades émaillées de filets blancs et parties d'émail bleu travaillées à la pince. Haut. 17 cent.

172 — Deux verres de Venise, à coupes évasées, sur pieds formés d'enroulements enrichis de parties émaillées bleu. Haut. 12 cent. Ils seront vendus séparément.

173 — Petit verre de Venise dont la coupe, à quatre lobes, repose sur un pied à torsades émaillées de filets rouges, rehaussé de parties en verre bleu travaillées à la pince. Haut. 16 cent.

174 — Verre de Venise dont le pied est formé d'un oiseau en verre incolore. Haut. 265 mill.

175 — Petit verre de Venise à coupe de forme octogone sur un pied à torsades, rehaussé d'émail blanc. Haut. 155 mill.

176 — Grand verre de Venise, modèle dit à champagne, sur pied à balustre. Le tout filigrané d'émail blanc à quadrilles. Haut. 34 cent.

177 — Verre de Venise sur pied à balustre. Le tout filigrané d'émail blanc à quadrilles. Haut. 195 mill.

178 — Verre de Venise, de même forme et qualité que celui qui précède. Haut. 18 cent.

179 — Jolie coupe de forme évasée en verre de Venise, à côtes torses enrichies de filets d'émail blanc. Hauteur 12 cent.; diam. 13 cent.

180 — Verre de Venise de forme évasée, filigrané d'émail blanc à quadrilles. Haut. 20 cent.

181 — Verre analogue à celui qui précède. Haut. 175 mill.

182 — Autre verre analogue. Haut. 17 cent.

183 — Autre verre de même forme avec filets d'émail blanc plus larges. Haut. 17 cent.

184 — Vidrecome de forme évasée avec bandes filigranées
d'émail blanc. Haut. 25 cent.

185 — Vidrecome de forme droite, en verre de Venise, filigrané d'émail blanc. Haut. 35 cent.

186 — Vidrecome analogue à celui qui précède, mais à
couvercle. Haut. totale 33 cent.

187 — Vidrecome de forme cylindrique à couvercle en verre
de Venise, filigrané d'émail blanc à quadrilles. Hauteur
totale 26 cent.

188 — Verre de Venise, filigrané d'émail blanc, dont la
partie inférieure de la coupe est repoussée à bossages.
Haut. 14 cent.

189 — Verre de Venise filigrané d'émail blanc, sur pied à
torsades. Haut. 15 cent.

190 — Vase à couvercle en verre de Venise, filigrané d'é-
mail blanc. Haut. totale 23 cent.

191 — Aiguière de forme antique en verre filigrané d'émail
blanc; l'anse est rattachée à la panse par un mascaron
en relief. Haut. 26 cent.

192 — Plateau sur piédouche, en verre filigrané d'émail
blanc. Diam. 225 mill.

193 — Plateau analogue à celui qui précède. Diam. 24 cent.

194 — Petit vase à une anse mobile, filigrané d'émail blanc
à dessins laurés.

195 — Coupe de forme ronde et à douze lobes, enrichie de
filets d'émail blanc. Diam. 27 cent.

196 — Joli vase de forme ovoïde à bossages diamantés et
enrichi de filets d'émail blanc et bleu. Haut. 21 cent.

197 — Grand vidrecome de forme droite, en verre de Venise craquelé. Haut. 31 cent.

198 — Vidrecome analogue à celui qui précède, enrichi de mascarons en relief. Haut. 25 cent.

199 — Autre vidrecome analogue à celui qui précède, à mufles de lions en relief, et dorés et pointés d'émail bleu turquoise. Haut. 215 mill.

200 — Vidrecome de forme droite, à couvercle en verre craquelé. Haut. 32 cent.

201 — Petit seau à deux anses surélevées en verre craquelé.

202 — Petit seau à gorge, à six lobes et à culot en verre craquelé. Il est garni à l'intérieur d'un bouton central en verre craquelé jaunâtre.

203 — Joli verre de Venise dont la coupe, en verre craquelé, est bordée d'un filet d'émail bleu et repose sur un pied élevé. Haut. 185 mill.

204 — Verre de Venise dont la coupe, en verre craquelé, repose sur un pied à balustre orné de mufles de lions en relief. Haut. 175 mill.

205 — Coupe ronde en verre de Venise filigrané, sur pied élevé en spirale. Haut. 15 cent.

206 — Vase à panse repoussée, à bossages, à goulot rétréci, et reposant sur un pied en verre bleu. Hauteur 19 cent.

207 — Coupe ronde, sur pied très-élevé à balustre, en verre incolore. Diam. 205 mill.

208 — Coupe ronde à six lobes, sur pied élevé, en verre incolore. Diam. 15 cent.

209 — Verre de Venise à quatre lobes à godrons saillants émaillés bleu, et sur pied à balustre. Haut. 125 mill.

210 — Coupe ronde sur pied composé d'ornements à jour, en verre incolore. Haut. 9 cent.

211 — Verre de Venise de forme évasée et à deux anses à jour en verre incolore. Haut. 165 mill.

212 — Coupe de forme évasée sur pied très-élevé en verre incolore. Haut. 21 cent.

213 — Verre dont la coupe à filets d'émail blanc repose sur un pied à balustre à muffles de lions. Haut. 175 mill.

214 — Verre de Venise en verre filigrané et repoussé à bossages, servant de pied à un petit moulin en argent. Haut. 20 cent.

215 — Verre de Venise craquelé enrichi de filets d'émail blanc et bleu, servant de pied à un petit moulin en argent. Haut. 20 cent.

216 — Verre de Venise filigrané d'émail blanc, servant de pied à un sifflet en vermeil, formé par un dragon reposant au-dessus d'un grelot. Haut. 20 cent.

217 — Petit vase à deux anses en verre incolore et à bouton central, intérieur en verre bleu.

218 — Gobelet de forme légèrement évasée à filets d'émail blanc sur fond doré. Haut. 16 cent.

219 — Grande coupe ronde à godrons en spirale dorés et à bordure à imbrications d'or rehaussée de points d'émail en relief. Diam. 275 mill.

220 — Vidrecome en verre violet à serpents et rosaces en relief. Haut. 235 mill.

221 — Gobelet en verre marbré enrichi de rosaces en relief dorées.

222 — Gobelet de forme évasée à filets d'émail en spirale blancs, verts et aventurine.

223 — Verre filigrané enrichi de filets d'émail rouge, bleu et aventurine. Haut. 16 cent.

224 — Verre de Venise légèrement évasé, filigrané et enrichi de filets d'émail rouge et blanc. Haut. 15 cent

225 — Grand flambeau en verre opalin. Haut. 46 cent.

226 — Gobelet à couvercle en verre opalin.

227 — Deux pièces, petit broc à un anse en verre craquelé orné de parties émaillées bleues; et petit chapeau en verre à bord jaspé blanc.

228 — Grand et beau plat rond en verre agate aventuriné· Diam. 38 cent.

229 — Plat rond et creux en verre de Venise imitant l'agate. Diam. 32 cent.

230 — Flacon de forme hexagone à côtes en verre agate aventuriné.

231 — 233 — Cinq gobelets et deux soucoupes en verre agate et aventurine. Ce lot sera divisé.

Verrerie Allemande.

234 — Grand vidrecome de forme cylindrique, portant les armes de l'Empire, émaillées en couleur. Il porte la date de 1602. Haut. 33 cent.

235 — Vidrecome sur piédouche portant le même blason que celui qui précède. Date de 1622. Haut. 30 cent.

236 — Grand vidrecome portant les figures équestres des électeurs d'Allemagne émaillées en couleur. Haut. 37 cent.

237 — Vidrecome portant des figures et des inscriptions finement émaillées en couleur, ainsi que la date de 1594. Haut. 27 cent.

238 — Autre vidrecome représentant l'empereur d'Allemagne entouré des divers électeurs. Il porte des inscriptions ainsi que la date 1593. Haut 29 cent.

239 — Vidrecome à couvercle portant une armoirie, un chiffre et des rosaces émaillées en couleur et réhaussées d'or. Il porte la date de 1671.

240 — Vidrecome portant divers blasons émaillés en couleur. Haut. 31 cent.

241 — Vidrecome à un anse portant des blasons émaillés en couleur et garni d'un couvercle en étain.

242 — Petit verre de forme ovale à huit lobes, à filets d'o nements émaillés sur fond d'or.

243 — Vidrecome sur pied à balustre, décoré de blasons, peints à froid.

244 — Grand vase vert à blason gravé à la pointe et offrant à sa partie inférieure des applications en saillie.

245 — Vase de forme droite en verre vert avec pièces de rapport en sailli.

246 — Petit vase de forme ovoïde en verre vert avec pied à jour.

247 — Petit gobelet offrant un sujet de chasse finement peint en camaïeu brun.

248 — Bouteille de forme aplatie en verre de Bohême, gravée à fleurs et ornement, et bouchon en argent.

Porcelaines de Chine et du Japon.

249 — Plateau sur piédouche de forme octogone en ancienne porcelaine de Chine décorée de fleurs et d'oiseaux en émaux de la famille Verte.

250 — Joli plat de forme ronde, à bords festonnés, couvert d'un riche décor de fleurs en émaux de la famille Verte. Il porte un cachet carré.

251 — Plat rond en ancienne porcelaine du Japon, à riche décor de figures dans un paysage et bordure à rosaces en bleu, rouge et or.

252 — Six jolis compotiers ronds et festonnés, en ancienne porcelaine de Chine, décorés d'oiseaux et de fleurs en émaux de la famille Verte.

253 — Deux compotiers de forme ronde, de même qualité et de même décor.

254 — Vingt-quatre assiettes en ancienne porcelaine de Chine décorée de fleurs et d'oiseaux en émaux de la famille Verte.

255 — Huit compotiers en deux dimensions, en ancienne porcelaine de Chine décorée de fleurs et d'oiseaux en couleurs et à bordures découpées à jour; ils sont montés sur des pieds en bois noir.

256 — Un service en ancienne porcelaine du Japon à décors de fleurs et rosaces émaillées en couleur. Il se compose de ·

> 18 assiettes à soupe,
> 42 assiettes plates,
> 4 saucières,
> 1 grande soupière avec plateau,
> 12 plats de forme octogone allongée.

257 — Bol avec couvercle accompagné d'un plateau en ancienne porcelaine du Japon décorée de branchages et fleurs en couleur.

258 — Joli compotier en ancienne porcelaine mince de la Chine, décoré d'un écran avec faisan et fleurs finement émaillés en couleur sur fond à rosaces et bordure dorée.

259 — Grande cafetière à couvercle en ancienne porcelaine
du Japon, à décor de fleurs, d'insectes et d'ornements en
camaïeu bleu rehaussé d'or.

Porcelaines de Saxe et autres.

260 — Deux jolis bols de forme contournée en ancienne porcelaine de Saxe décorée d'oiseau et dentelle d'or.

261 — Ecritoire en ancienne porcelaine de Saxe décorée de
bouquets de fleurs, et à bordures rouges rehaussées
d'or. Il se compose d'un plateau, de deux godets, d'un
vase porte-plumes et d'une sonnette.

262 — Autre écritoire en ancienne porcelaine de Saxe décorée de bouquets de fleurs et composée des mêmes pièces
que le numéro qui précède.

263 — Cabaret en ancienne porcelaine de Berlin, gaufrure
à côtes et à fleurs, décoré de paysages à figures et d'une
bordure à imbrication d'or sur fond rouge. Il se compose de :

> 12 tasses avec soucoupes,
> 1 cafetière,
> 1 théière,
> 1 chocolatière.
> 1 pot à crême,
> 1 sucrier,
> 1 boîte à thé avec plateau,
> Et 1 bol.

264 — Un plat en ancienne porcelaine de Saxe et décor
de fleurs et d'oiseaux dans le style chinois.

265 — Cinq assiettes en ancienne porcelaine tendre de La
Haye, à bordures gaufrées à quadrilles, et découpées
à jour, avec médaillons de fleurs et d'oiseaux décorés
en couleur sur fond gros bleu rehaussé d'or.

266 — Deux assiettes de même porcelaine, decorées de
fleurs et de fruits; l'une d'elles avec bordure gros-bleu
rehaussée d'or.

267 — Deux grandes tasses avec soucoupes en porcelaine de
La Haye, décorées de figures dans des paysages.

268 — Pot à eau et sa cuvette en ancienne porcelaine
de Mayence décorée de fleurs.

269 — Pot à eau et sa cuvette analogue à celui qui précède,
mais plus petit.

270 — Deux pièces : coquetier en ancienne porcelaine de
Sèvres, pâte tendre, décorée de fleurs, et petit flacon
formé d'un groupe d'enfant et chèvre en porcelaine
de Saxe.

Tabatières et Bonbonnières.

271 — Belle tabatière modèle baignoire, en or émaillé en
plein, à panneaux représentant des paysages en camaïeu
brun sur fond opalin et à cordons et pilastres finement
ciselés en relief, à feuillages et ornements émaillés en
vert, blanc, bleu et rouge. Epoque Louis XVI.

272 — Boîte de forme carrée, à angles arrondis, en ancien
laque du Japon, fond d'or décoré de branchages et de
flots. Elle est montée à gorge, à charnière en or gravé,
et contenue dans un écran en galuchat.

273 — Petite boîte de forme carrée en agate orientale,
montée à gorge à charnière en or, et enrichie d'ornements de style rocaille en or repoussé sur le couvercle.

274 — Boîte de forme carrée en quartz-agate blanchâtre,
enrichie de mosaïques. de fleurs en relief. exécutées en
jaspe de différents tons. Monture à cage en or de couleur, ciselé à fleurs et feuillage. Travail de Neubert,
de Dresde.

275 — Tabatière de forme ovale en jaspe nuancé de tons divers et enrichi de kiosques et de fleurs de style chinois,
laqués et burgautés en relief et incrustés d'or.

276 — Boîte de forme ovale en caillou d'Egypte, taillée
à cuvette et montée à gorge, à charnière. et galon
en or.

277 — Boîte de forme ovale en vernis de Martin fond d'or,
et décorée de figures et de paysages dans le style
de Téniers.

278 — Boîte ronde en vernis de Martin. Le couvercle présente un médaillon de personnages dans le genre de
Boucher : Jeune Vielleuse entre deux petits paysans.

279 — Bonbonnière ronde en vernis de Martin, à sujets de
paysages et figures. Elle est galonnée en or.

280 — Boîte de forme carrée en ancienne porcelaine de
Saxe, offrant des jeux d'enfants finement peints en couleur sur fond blanc. Monture à gorge, à charnière
en or.

281 — Boîte de forme ronde en ancienne porcelaine de
Saxe décorée de médaillons représentant des enfants
montés sur des dauphins, finement peints en couleur sur
fond lie de vin.

282 — Grande tabatière ronde en ancienne porcelaine de
Saxe, à ornements gaufrés en relief, et décorée de
paysages avec figures; l'intérieur du couvercle offre le
sujet de Vénus, Adonis et des Amours.

283 — Petite boîte contournée en ancienne porcelaine de
Saxe, décorée de sujets de chasse dans de riches bordures
rehaussées d'or.

284 — Boîte de forme carrée en ancienne porcelaine de
Saxe, décorée de sujets militaires.

285 — Boîte de forme ovale allongée en ancienne porcelaine
de Saxe décorée de médaillons à figures d'Amours et
autres peintes en camaïeu violet sur fond gros bleu
rehaussé d'or.

286 — Boîtes de forme carrée, à angles arrondis, en ancienne
porcelaine de Saxe gaufrée et décorée de groupes de
fleurs et de fruits.

287 — Boîte de forme carrée, à angles arrondis, en ancienne porcelaine de Saxe gaufrée et décorée de médaillons d'après Watteau et d'ornements en camaïeu rose.
Monture à gorge en charnière en vermeil.

288 — Boîte de forme carrée en ancienne porcelaine de
Chine, décorée de fleurs et d'oiseaux émaillés en cou-
leurs. A l'intérieur du couvercle se trouve une armoirie.
Monture à gorge, à charnière, à vermeil.

289 — Boîte de forme contournée, en ancienne porcelaine
de Saxe décorée de sujets de marines et de personnages
en couleurs rehaussés d'or. A l'intérieur du couvercle se
trouve une peinture représentant Pierrot, Arlequin et
Colombine. Monture en vermeil.

290 — Trois jolies boîtes de forme ronde, en ancienne porcelaine de Saxe, décorées de guirlandes et de corbeilles
de fleurs. Elles ne sont pas montées.

291 — Bonbonnière en ivoire sculpté, à figures et ornements en relief. Époque Louis XV.

292 — Boîte ronde en poudre d'écaille rose, incrustée de
bandes en or et galonnée en or gravé à ornements.
Époque Louis XV.

293 — Boîte ronde en ivoire, ornée d'un portrait de femme
peint en miniature .Époque Louis XVI.

294 — Boîte ronde en écaille, ornée d'un portrait d'homme
peint en miniature d'après Rembrandt.

295 — Boîte ronde en écaille, ornée d'un fixé d'après Te-
niers, avec entourage en caillou du Rhin.

296 — Boîte carrée en cuivre guilloché et doré.

Bijoux et Orfévrerie.

297 — Grande et belle montre en or émaillé, du temps de
Louis XIV. La cuvette présente le sujet du Jugement de
Pâris; le pourtour, l'intérieur et le cadran sont décorés
de paysages. Étui en peau de chagrin cloutée d'or.

298 — Autre montre émaillée par les frères Huaut, présentant un médaillon de paysage et de personnages.

299 — Jolie petite montre du xviᵉ siècle, de forme octogone,
en argent gravé, à figures et ornements. Mouvement de
Charles Pawas, à Bloys.

300 — Montre du temps de Louis XV, à double cuvette en
or, à ornements repoussés, découpés à jour, et enrichie
de plaques de jaspe sanguin rapportées.

301 — Bague du xviᵉ siècle en or émaillé, enrichie de dia-
mants-table et rubis.

302 — Autre bague en or émaillé, avec chaton garni d'une turquoise.

303 — Bague juive en filigrane d'or.

304 — Anneau en or émaillé noir, portant le nom H. Van Dyck et la date 1773.

305 — Bague en or garnie d'une hyacinthe.

306 — Grosse bague en argent, garnie de glands mouvants. Travail hollandais.

307 — Pélican en or émaillé et pierreries, formant épingle.

308 — Étui en vernis de Martin, décoré de paysages et de figures dans le style de Boucher, sur fond vert.

309 — Cachet triangulaire en cornaline, monté en or, à ornements découpés à jour.

310 — Brosse du temps de Louis XIII, avec dessus orné d'une peinture de fleurs sur émail.

311 — Cuvette de montre présentant deux personnages peints sur émail.

312 — Deux flacons ; l'un d'eux en cristal taillé avec bouchon en or repoussé, dans un étui en galuchat, et l'autre en verre agate de Venise, avec bouchon en vermeil.

313 — Trois pièces : pomme de canne et cuiller en porcelaine de Saxe, et pomme de canne en émail de Saxe

314 — Petite épée breloque et couteau garnis en argent.

315 — Carnet de poche en peau de chagrin, garni en argent repoussé

316 — Couteau et fourchette à manches formés de figurines en argent, dans un étui en maroquin rouge.

317 — Cuiller et fourchette à figures en argent.

318 — Deux petites cuillers à sucre en argent, à fleurons couronnés et figures d'Amours.

319 — Trois cuillers en argent, à manches tors, se terminant par une sphère.

320 — Petite corbeille en argent repoussé, à coquilles et ornements.

321 — Huiliers en argent repoussé, à ornements de style rocaille.

Miniatures.

322 — Deux jolies miniatures rondes gouachées, par Boels (1591); l'une représente l'Été et l'autre l'Hiver, figurés par des paysages ornés de personnages.

323 — Jolie miniature ovale à l'huile : portrait d'homme; portant la date de 1634.

324 — Autre portrait d'homme; ovale à l'huile, de même époque.

325 — Portrait de femme peint à l'huile, de même époque.

Les trois portraits qui précèdent proviennent de la famille des barons de Zuylen.

326 — Portrait de jeune fille vue à mi-corps, peinte à l'huile et portant la date de 1631.

327 — Portrait du roi Charles Ier, finement peint à l'huile sur cuivre et placé dans un cadre en bois sculpté.

328 — Médaillon en argent à chiffres et ornements ciselés en relief et dorés. Il contient deux portraits de personnages du temps de Louis XIV, peints en miniature sur vélin.

329 — Portrait d'un prince d'Orange, peint en miniature sur vélin, et placé dans un étui en peau de chagrin cloutée d'or.

330 — Portrait du roi Guillaume II de Hollande, enfant, finement peint en miniature sur ivoire.

330 bis — Deux miniatures par Klinstett, à sujets de personnages. Elles seront vendues séparément.

331 — Jolie miniature ronde sur ivoire. Portrait de jeune femme coiffée d'un chapeau bleu et rose.

332 — Miniature ronde sur ivoire, dans la manière de Lawrence. Sujet d'intérieur.

333 — Miniature ronde dans la manière de Fragonard. Jeune femme et Arlequin dans un paysage. Cadre en or, à filet d'émail bleu

334 — Miniature ovale. Portrait de la grande Mademoiselle, fille de Gaston d'Orléans, par Mlle Charrin.

335 — Petit médaillon ovale. Portrait de Guillaume V d'Orange.

336 — Miniature ovale sur vélin. Portrait de femme; signé D. Bresghinx et portant la date de 1750.

337 — Deux miniatures carrées sur ivoire, représentant deux portraits de femme; l'une d'elle supposée être la comtesse de Coislin.

338 — Dessin sur bois, à sujet fantastique.

Éventails.

339 — Très-bel éventail en nacre de perles, à figures et ornements sculptés en relief, dorés et découpés à jour. La feuille représente des personnages dans un paysage, finement peints en couleurs dans la manière de Boucher.

340 — Autre très-bel éventail en nacre de perle sculptée,
à figures, et repercée à jour à treillis et dorée. La feuille
présente le sujet de l'Hyménée, très-finement peint par
Francis Xavery, et porte la date de 1763.

341 — Bel éventail, dont la monture en nacre de perle
gravée et dorée offre le sujet de l'Offrande à l'autel de
l'Hyménée. La feuille, finement peinte en couleurs,
représente le sujet d'Angélique et Médor.

342 — Éventail dont la monture en nacre de perle sculptée
et dorée offre des sujets champêtres, et dont la feuille,
finement peinte en couleurs, représente un sujet tiré de
l'histoire romaine.

343 — Bel éventail, dont la monture en nacre de perle
sculptée est décorée de sujets champêtres, de colonnettes
et d'ornements divers. La feuille présente le sujet du
Serment d'amour.

344 — Autre bel éventail, dont la monture en nacre de
perle, dorée en partie, présente des figures de personnages et d'Amours très-finement exécutés. La feuille
offre dans un médaillon le sujet du Serment d'amour
sur l'autel de l'Hyménée.

345 — Éventail avec monture en nacre de perle gravée, à
figures et ornements. La feuille présente un sujet figu-
rant les quatre Saisons.

346 — Bel éventail, dont la monture en nacre de perle
dorée en partie présente les figures de Neptune et Am-
phitrite sur les ondes. Les deux montants extérieurs
sont enrichis d'ornements en or repoussé et rapporté.
La feuille est décorée d'un sujet tiré de la Fable.

347 — Éventail dont la monture en nacre de perle, composée de branches à jour, est enrichie de figures, de
fleurs et d'ornements. La feuille représente le sujet de
Flore et Zéphire.

348 — Joli éventail à monture en nacre sculptée, à figures
et ornements, et feuille finement peinte, à sujet représentant Hercule et Omphale.

349 — Autre éventail à monture en nacre sculptée ; la feuille
présente le sujet de l'Hyménée.

350 — Éventail à monture en nacre de perle finement dé-
coupée à jour et à feuille peinte, à figures dans un
paysage.

351 — Éventail avec monture en nacre de perle, ornée de
médaillons de personnages. La feuille présente le sujet
du Serment d'amour.

352 — Éventail dont la monture en ivoire sculpté est composée de figures, de vases et d'ornements découpés à
jour. La feuille présente le sujet de Flore et Zéphire.

353 — Très-bel éventail en vernis de Martin, présentant, sur
une de ses faces, des médaillons de personnages et de
riches ornements sur fond d'or, et sur l'autre un grand
médaillon, sujet de chasse, avec entourage d'ornements
et de figures de style chinois.

354 — Autre bel éventail en vernis de Martin, décoré sur
une de ses faces d'un sujet de bataille d'Alexandre,
d'après Lebrun, et sur l'autre, le Triomphe d'Am-
phitrite.

355 — Autre éventail en vernis de Martin, offrant, sur une
de ses faces, le sujet du Serment d'amour sur l'autel
de l'Hyménée, signé J.-V. Hem, et sur l'autre, un
paysage orné de figures.

Laques.

356 — Jolie cantine en ancien laque du Japon, de forme
hexagone double avec boîte à compartiments, plateau
et flacon. Fond aventuriné et décor de fleurs, fruits et
figures d'enfants en or, en relief. Très-belle qualité.

357 — Autre cantine japonaise, de forme carrée, en laque
aventuriné, à décors de fleurs et ornements en or;
elle est garnie d'une boîte à quatre compartiments,
d'un plateau et d'une boîte supportant deux flacons en
étain.

358 — Boîte à jeu en laque du Japon, fond noir à décor
de paysages en or, garnie de ses boîtes intérieures, de
même qualité, et de ses fiches, jetons et contrats, en
nacre de perle gravée.

359 — Boîte de forme carré long en laque du Japon aventuriné avec feuillages en or et en argent.

360 — Cabinet en laque à paysages et personnages peints
en couleurs sur fond noir.

361 — Petit cabinet en laque du Japon, fond noir, à fleurs
et feuillages dorés et garnitures en cuivre gravé et
doré.

362 — Magnifique coffre carré en bois naturel, à figures,
fleurs et animaux, finement laqués en relief, et enrichi
d'incrustations en nacre de perle gravés et garni d'é-
coinçons et plaque de serrure en argent. Qualité excep-
tionnelle.

363 — Belle boîte en laque du Japon aventuriné, décorée
sur toutes ses faces d'éventails à fleurs, animaux et paysages décorés en or sur fond d'or et sur fond noir.

364 — Boîte ronde en laque du Coromandel, à fleurs et oiseaux, décorée en or et couleurs.

365 — Petite boîte ronde en laque du Japon, fond noir, décorée de paysages en or en relief.

366 — Jolie boîte en laque du Japon, en forme de losange, à angles arrondis, décorée de deux papillons d'or. Le pourtour et l'intérieur sont aventurinés.

367 — Belle boîte, de forme hexagone, en laque du Japon, fond noir, décorée de paysages, de fleurs et de rosaces en or et argent oxydé ; elle contient un petit plateau décoré d'un paysage en or sur fond noir, et trois petites boîtes en forme de losange en laque d'or, à fleurs de couleurs reposant sur un plateau support.

Objets divers.

368 — Deux groupes en bois sculpté : Saint-Joseph, debout, tenant l'Enfant Jésus, et la Sainte Vierge debout, tenant son divin Fils sur son bras gauche.

369 — Miroir de forme carrée, à bordure en cuir gaufré, à figures et ornements en relief, peint et doré. Ce miroir a appartenu à l'amiral Tromp.

370 — Autre miroir carré et biseauté, avec bordure du temps de Louis XIII, en bois incrusté de fleurs et de feuillages en nacre de perle et de cuivre. Attache en bronze ciselé et doré, à mascarons et rinceaux.

371 — Grand plat en cuivre jaune repoussé. Il présente au centre les figures d'Adam et d'Eve tentés par le serpent.

372 — Deux bras-appliques en cuivre repoussé et argenté, à fleurs et ornements et à deux bras porte-lumières.

373 — Deux autres bras-appliques à fonds de glaces gravées, et branchages enrichis de fleurs en ancienne porcelaine de Saxe.

374 — Très-beau coffre du temps de Louis XIII, en écaille incrustée de fleurs et d'ornements en nacre de perle gravée.

375 — Joli médaillon rond en bois sculpté, en relief, présentant le buste de Luther vu de face; travail du xvi⁰ siècle.

376 — Jolie cassette en bois sculpté, dorée en partie, ornée sur toutes ses faces de cariatides, de rinceaux, d'ornements et de colonnettes et plaques en verre, gravés à paysage.

377 — Coffret de forme carrée, à couvercle bombé, en cuir gaufré et doré, à bustes, figures, fleurs de lis, et portant les deux aigles d'Allemagne. Epoque Louis XIII.

378 — Autre coffret en cuir gaufré et doré, à sujets de chasse et ornements.

379 — Coffret en bois d'ébène, plaqué de feuilles d'argent, présentant des sujets tirés de la Vie de Joseph.

380 — Cassette en ivoire et nacre de perle gravés, à figures et animaux, garniture en argent.

381 — Deux petites jardinières en tôle laquée, à fleurs et oiseaux, sur fond noir et parties dorées.

382 — Deux pièces en étain : petit broc à fleurs gravées et petit plat présentant les figures équestres des empereurs d'Allemagne.

383 — Gaine en bois sculpté, à figures, portant la date de 1582, et contenant deux couteaux à manches garnis en argent, à bustes en relief.

384 — Amorçoir en ivoire sculpté, à figures d'animaux, en relief.

385 — Béquille de canne formée par un oiseau en ivoire sculpté.

386 — Deux pièces en ivoire sculpté de travail japonais. Petit groupe d'un sanglier tenant entre ses pattes une guenon qui paraît lui demander grâce : de la plus grande finesse d'exécution ,et figure d'homme debout se tenant la barbe.

387 — Deux pièces : étui de pipe en bois sculpté, à figures et ornements, et clef en fer ciselé.

388 — Boîte de forme longue à bouts arrondis, en cuivre gravé, à blasons et ornements, et dorée.

389 — Paire de gants et bourse brodés en fin et enrichis de perles fines. Ces deux objets ont appartenu à la famille du prince d'Orange.

390 — Deux très-grandes figures en pierre de lard finement sculptées et gravées sur roches de même matière.

391 — Peinture sur verre représentant la Cuisinière hollandaise, d'après Gérard Dow, dans un cadre en bois sculpté et doré.

392 — Deux boucles de souliers en argent et strass.

393 — Table très-curieuse du temps de Louis XVI, en bois d'acajou et bronze doré. Son dessus, ainsi que ses tiroirs, sont enrichis de peintures gouachées, de miniatures diverses, de dessins, etc. Cette pièce intéressante a été offerte par la .reine Marie-Antoinette au comte de Fersen.

Tapis et Étoffes

394 — GRAND TAPIS DE TABLE en satin blanc, brodé à fleurs, oiseaux et animaux chimériques en couleurs et rehaussés d'or. Travail chinois.

395 — Tapis de table en ancienne tapisserie de Bruges.

396 — Bandeau de même tapisserie.

397 — Couvre-lit en basin blanc, brodé de couleurs.

398 — Couvre-lit en satin blanc, brodé or et argent fin.

399 — Ancien couvre-pieds en damas de soie rouge, avec des garnitures en soie de Gênes.

400 — Fauteuil couvert en ancienne tapisserie.

401 — On vendra sous ce numéro les objets omis.

11599   RENOU et MAULDE, imprimeurs de la Compagnie des Commissaires-Priseurs, rue de Rivoli, 144.   11599